教師のための携帯ブックス㉑

もっと笑う！教師の2日目

中村健一とゆかいな仲間たち 著

黎明書房

はじめに

　日本全国3億人の中村健一ファンのみなさん，お待たせしました！　いや，今回は，お待たせしませんでした！
　早くも『笑う！　教師の1日』の続編をお贈りできます。

　その名も『もっと笑う！　教師の2日目』です。
　『2日目』というタイトルが気に入っています。センスあると思いませんか？

　実は，これ，私のアイディアではありません。「ゆかいな仲間たち」の1人，藤原氏の発案です。
　あっ，読者が誤解してもいけないので，お断りしておきます。藤原氏と言っても，道長じゃないですからね。道長とは仲間ではありません。念のため。

　今回も，北は仙台から，南は長崎，佐賀，いや高知まで。全国からお笑い好きなメンバーがたくさん集結してくださいました。
　しかも，今回は，四国にまで勢力を広げています。
　中村が全国統一する日も近いですね。

私は，教室で，笑いを大切にしています。

　それは，好きだから。

　中学生の頃，立派な漫才師を目指していた私には，お笑い好きの血が流れています。それは，間違いない。

　「笑いを大切にしろ」は，親父の遺言でもありますしね。いや，失礼。親父は，生きてた。

　でも，実は，好きという理由以上に，「策略」として笑いを大切にしています。

　こう書くと，「日本一の腹黒教師・中村健一」のブラックさが出て来てしまいますが……。

　笑いを大切にすることは，学級崩壊予防になるからです。

　崩壊学級には，笑いがありません。

　クラスみんなでドッと笑う瞬間がないのです。

　逆に言えば，笑いのある教室は崩壊していない証拠。

　だから，私は笑いを大切にしています。

　誰だって，学級崩壊は，怖いもの。

　私だって，学級崩壊が怖い。夢に見るほど，怖い。読者のみなさんだって，そうでしょう。

　学級崩壊しないために，本書のネタを使って，教室に笑い

を起こしましょう。

　笑いのあるクラスは，崩壊しません。

　私は，そう確信しています。

　最後になりましたが，本書の企画をすぐに快諾してくださった黎明書房の社長・武馬久仁裕氏に感謝します。また，本書を担当してくださった都築康予氏に感謝します。お陰で，またまた大満足の 1 冊ができました。本当にありがとうございました。

　子どもたちも笑顔。先生も笑顔。

　私，中村健一は，全国の先生方の味方です。

　本書を使って笑いを起こし，全国の教室に笑顔があふれることを祈っています。

うれしいうれしい夏休みの初日　2017 年 7 月 21 日

　　　　　　　　「日本一のお笑い教師」中村　健一

追伸・私，中村健一は，夏休みが大好きです！　このことは，
　　声を大にして宣言しておきます。全国の疲れ切ってる先
　　生方，夏休みぐらいゆっくりして，心と体をリフレッシ
　　ュしましょうね。

も く じ

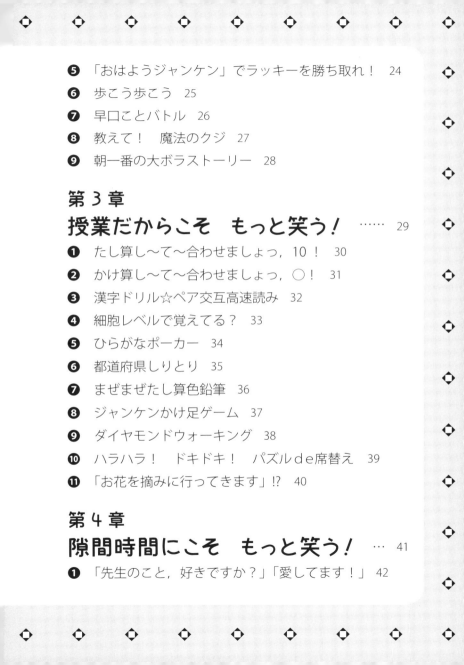

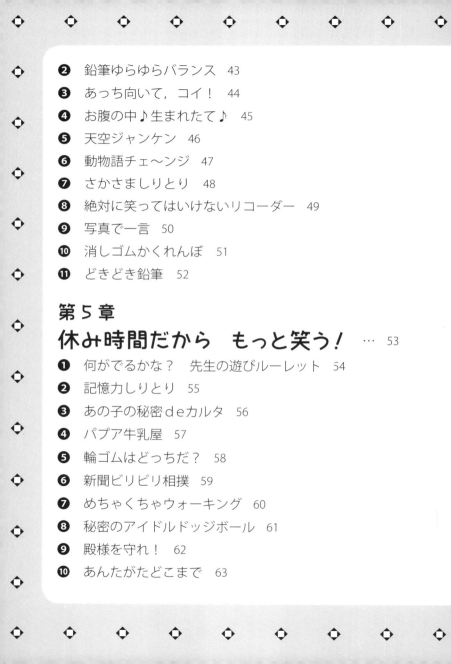

第 1 章

朝イチから
もっと笑う！

新しい朝が来ました。希望と笑いの朝です。

「おはようモーニング♪」

こんなあいさつで，今日も朝からひと笑い。

もっと笑える2日目の始まりです！

※「おはようモーニング♪」は，尊敬する大
　実践家・古川光弘氏の持ちギャグです。

① 天使のあいさつ

> 教師が上の階からあいさつをして，サッと隠れます。子どもたちは誰の声か分からずハテナ顔。朝から子どもたちの笑顔を引き出せるほのぼのネタです。

すすめ方

① 教師は2階や3階の教室の窓から，下にいる子どもたちに向かって「おはようございます」とあいさつする。声色を使って天使のようなキレイな声で言う。

② あいさつし終わったら，素早く隠れる。

③ 子どもたちは上を見てキョロキョロして声の主を探す。しかし，誰か分からないので，また歩き始める。

④ 教師はまた「おはようございます」と声をかけ，素早く隠れる。子どもたちはハテナ顔。

⑤ 最後に教師は窓から顔を出し，「おはようございます」と手を振りながら言う。子どもたちは教師があいさつしていたことに気づく。そして，笑顔で「おはようございます」と言って手を振ってくれる。 （山根）

② 遠くの子と あいさつジャンケン

あいさつは自分から大きな声でさせたいもの。あいさつジャンケンをすると，子どもたちが遠くからでも，大きな声であいさつをしてくるようになります。

すすめ方

① 教師は遠くに子どもの姿を見つけたら，大きな声で「おはようございます！」と言う。

② さらに，思いっきり大きなポーズをしながら，「最初はグー！」と言う。

③ 子どももつられて，大きな声とポーズでジャンケンをする。

④ 教師が勝ったら，オーバーに跳び上がって喜ぶ。負けたら，思いっきりしゃがんで悔しそうにする。

⑤ 子どもたちは，あいさつジャンケンを楽しみにするようになる。そのため，遠くでも教師を見かけたら大きな声であいさつする。　　　　（門脇）

11

3 あいさつはポイントで勝負

あいさつの大切さを伝えてもできない子がいます。どうすれば，よいあいさつができるのかを明示し，ゲーム化して，子どものやる気を引き出しましょう。

すすめ方

① 教師は，あいさつの大切さを子どもたちに話す。そして「自分から」「大きな声で」「相手の目を見て」あいさつするように言う。

② 次の日から「自分から」「大きな声で」「相手の目を見て」あいさつできた人数で勝負をすることを告げる。1人にあいさつできたら，1ポイントゲット。

③ 子どもたちは，何人にあいさつできたかポイントを数えて来る。

④ 教師は，朝の会で「○年生」「○○先生」などと書かれたクジを1枚引く。そのクジに書いてある人にあいさつしていれば，ボーナス10ポイントをゲット。

⑤ ボーナスポイントも加えた合計点数を聞く。その日のトップ3には，盛大な拍手を贈る。　　　　　　　（佐々木）

4 ミッションドア

朝，教室に入ろうとすると，ドアに「ミッション」と書かれた紙が貼ってあります。子どもたちは，ミッションをクリアしようと，頭と体をフル回転。朝から「やる気スイッチ」が入ります。

・・・・・・・・・・・・・・・・・・・・・・・・・ **すすめ方** ・・・・・・・・・・・・・・・・・・・・・・・・・

① 前日の放課後，教師は教室の
ドアに「ミッション」を貼って
おく。「九の段を大きな声で３
回言って教室に入る」など。

② 朝来た子どもたちは，「ミッション」をクリアして教室に入れるように，全力で取り組む。

③ 朝の会で，「ミッション」をクリアできたか聞く。クリアした子どもたちを立たせ，クラスみんなで拍手を贈る。

④ 教室を出る時の「ミッション」も貼っておくと，１日中楽しめる。

⑤ たまに，早口言葉や運動系などの「お楽しミッション」を貼るとさらに盛り上がる。　　　　　　　　　　　　　　（蔦）

13

5 今日の修行は，○○の術

　子どもたちにがんばらせたいことは，「忍者修行」と称してさせてしまいましょう。「修行」の言葉に子どもたちはやる気になります。

すすめ方

① 　朝，教師は黒板に「今日の修行は，○○の術」と書いておく。また，どうすればよいのかも具体的に書いておく。
　　（例）くノ一の術：１日かわいい笑顔で過ごす。

　　　　　人助けの術：いろんな人に親切にする。

　　　　　分身の術：何人もいるように見えるぐらいたくさん働く。
② 　子どもたちは「○○の術」が身につけられるように１日をがんばって過ごす。
③ 　がんばっていない子に教師は，「笑顔が消えている。それではかわいくないよ。くノ一にはなれない」「そんな動きでは１人に見える。修行しなさい」と楽しく注意する。
④ 　帰りの会で修行の評価をする。がんばった子は「○○の術を身につけたね」とほめる。がんばっていない子は，次の日も同じ修行をさせる。　　　　　　　　　　（鈴木直）

6 箱の中身を予想せよ！

> 朝，教室に入ると，怪しい箱が！　子どもたちは興味
> 津々（しんしん）で箱の中身を予想します。

すすめ方

① 教師は箱を用意する。箱の中にキャラクター消しゴムな
どを入れ，開かないようにテープで止める。子どもたちが
登校する前，教師はその箱を教卓の上に置く。

② 朝，教室に入って来た子どもたちは，箱を見つける。教
師は，「何が入っていると思う？」と聞く。

③ 子どもたちは，持って重さを確認したり，振って音を聞
いたりする。ただし，箱は絶対に開けてはいけない。

④ 朝の会で，子どもたちは予想
を言う。教師が箱を開け，中身
を取り出して正解発表。予想が
当たった子には拍手を贈る。

⑤ 教師が箱の中に入っておくの
もオススメ。この場合は，テープで止めない。子どもたち
が箱の周りに集まってきたら，教師は「ジャーン♪」と言
って飛び出る。すると，教室は大爆笑になる。　　（川上）

15

7 朝の間違い探し

> 教室に入ると，何か違和感が！　昨日の教室と変わったところを3つ当てるゲームです。

すすめ方

① 前日の放課後，教師は子どもの机を入れ替えるなど，3カ所教室の物を動かす。

② さらに教師は「昨日と変わったところを3つ探してください。3つ全部分かれば，みなさんの勝ちです」と黒板に書く。

③ 教室に入った子どもたちは，昨日との違いを探す。

④ 朝の会で，間違いを聞く。全部正解がでたら，「みんな，すご〜い！　先生の負け」と言う。子どもたちは大喜び。

⑤ テレビを裏返す，教卓を後ろに持って行くなど，明らかな間違いを1つ入れておくのがコツ。子どもたちは，「分かりやすすぎ！」と言いながらも笑顔になる。（門脇）

8 色みくじ

引き出しの中が汚い子は，引き出しを開けません。少し開けて，つっこむだけです。引き出しをきちんと出して物を入れることを教えるのに最適のネタです。

··　すすめ方　··

① 前日の放課後，教師は引き出しの奥に赤のシールを貼る。
② 朝，教室に来た子どもたちは引き出しに荷物を入れる。きちんと開けて入れる子は，赤のシールに気づく。
③ 朝の会で教師は「占いをします。赤，白，青，黄から好きな色を選んでね」と言う。まずは青の人に手を挙げさせて運勢を発表。「青のあなたは，吉。友達とケンカしそう。ラッキーアイテムは，くるぶし」など。白，黄も発表する。
④ 最後に赤を選んだ人に手を挙げさせる。そして，「あなたは，大吉。好きな人に告白されます。ラッキーアイテムは，カレー」と発表。ラッキーアイテムは，その日の給食。
⑤ くり返し行うと，大吉は引き出しの奥に貼ってある色だと気づく。そして，子どもたちは引き出しをきちんと開けて，物を入れるようになる。　　　　　　　　　　　　　　　（中村）

⑨ お話にツッコめ！

朝の読み聞かせの時間，お話にツッコませてみましょう。子どもたちは笑顔。頭を働かせながら，集中して聞きます。

① 教師が読み聞かせをする。「桃太郎」のような，みんなが知っている話がよい。

② 流れてきた桃をおばあさんが持って帰る場面で，教師は「勝手に持って帰ったら，ダメやん」とツッコむ。子どもたちから笑いが起きる。

③ 子どもたちにもツッコむように言う。すると，子どもたちはツッコミを考えながら集中して聞く。

④ 「きびだんごぐらいで家来になるの？」「犬と猿は仲悪いんちゃうの？」「犬，猿なのに，なんでキジ？ 鳥じゃないの？」など子どもたちは笑顔でツッコむ。

⑤ ツッコむたびに笑いが起きる。そして，読み聞かせの時間が楽しくなる。 (中野)

第 2 章

朝の会で
もっと笑う！

　クラスみんなが揃って迎える朝の会。
　「いつも」のメニューにちょっと一工夫してみましょう。
　楽しいネタの数々で元気100倍！　朝から教室中に笑い声が響きます。
　さぁ，今日も笑顔で2日目を始めましょう。

1 ぬいぐるみdeあいさつ

ぬいぐるみになりきって，あいさつをしてみましょう。
朝イチから子どもの笑顔を引き出すことができます。

━━━━━━━━━━━━ すすめ方 ━━━━━━━━━━━━

① 朝のあいさつの時，教師はぬいぐるみを取り出す。そし
て，自分の顔の前で持つ。

② 子どもたち全員が声を揃
えて「おはようございます」
と言ったら，教師はぬいぐ
るみになりきってあいさつ
をする。かわいい声色を使う。

③ あいさつの後，教師はぬいぐるみになりきってトークを
する。自己紹介をして，質問を受けるとよい。

④ 元気のない子がいたら，近くに行く。そして，ぬいぐる
みと握手させる。すると，その子は笑顔になる。

⑤ 特に低学年には，ぬいぐるみの効果はバツグン。子ども
たちは笑顔になり，スムーズに1時間目が始められる。

（鈴木直）

ハイタッチあいさつ

> 子どもたちはハイタッチが大好き。朝からいろんな友達とハイタッチさせましょう。たくさんの笑顔が見られます。

すすめ方

① 教師は「今から，『おはようございます』と言って，いろんな人とハイタッチします。30秒で一番多くの友達とハイタッチした人が優勝です」と言う。

② 子どもたちは，友達と笑顔であいさつし，ハイタッチし合う。

③ 30秒後，何人とハイタッチしたか聞く。一番多い子は立たせて，クラスみんなで拍手を贈る。

④ また，教師は子どもたちがハイタッチをする様子を見ておく。そして，笑顔がいい子に「ベストスマイル賞」，相手の目を見てハイタッチしていた子に「アイコンタクト賞」などを贈る。

⑤ 「異性の友達5人にハイタッチして早く座れた人が勝ち」「同じ誕生月の人，3人とハイタッチして早く座れた人が勝ち」など，パターンを変えるのがオススメ。いろんな友達と関われる。 (蔦)

3 目標はくす玉で発表

　目標は，子どもたちにしっかりと意識させたいものです。そんな時には，くす玉がオススメ。子どもたちは目標に注目し，心に刻まれること間違いなしです。

すすめ方

① 教師は，カップラーメンの容器を2つ用意する。そして，くす玉を作る。（イラスト参照）

② 目標を短冊に記入し，くす玉の中に仕込む。例えば，「先生に優しくする」。

③ 朝の会で目標を発表する時，教師は「Ladys and gentlemen.（口でドラムロールの真似）目標は，これだ！」と言う。

④ 勢いよくくす玉を割ると，短冊が出てくる。子どもたちは注目して目標を見る。　　　　　（門脇）

なんでも挑戦状

　　子どもたちは，勝負事が大好き。特に先生と勝負の形にすると，乗って来ます。挑戦状を出して，子どもたちをやる気にしましょう。

すすめ方

①　教師は挑戦状を書く。例えば「挑戦状　来週の書写の時間，勝負を挑む。忘れ物が一切なければ，君たちの勝ち。１つでも忘れ物があれば，先生の勝ち。先生を倒すことができるかな。先生は負けないぞ。かかってこい！」。

②　挑戦状と大きく書いた封筒に入れて，黒板に貼っておく。

③　教室に入って来た子どもたちは，挑戦状に気づく。そして，開いて読む。

④　書写の時間の最初，教師は「全員起立。いざ勝負じゃ！忘れ物をしていない人，座る」と言う。

⑤　全員が座れば，教師は倒れて，「負けたぁ，悔しい〜」と言う。子どもたちは，大喜び。全員が座れなければ，「わしの勝ちじゃ！　君たちは，まだまだよのぉ」と威張って言い，高笑いをする。　　　　　　　　　　　（門脇）

5 「おはようジャンケン」で ラッキーを勝ち取れ！

ジャンケンに勝って，その日のラッキーグループを ゲットしましょう。ジャンケンを勝ち抜いたメンバーは， その班のヒーローです。

すすめ方

① まずは，班予選。「おはようジャンケン，ジャンケン，ポン！」の言葉に合わせて，班のメンバーでジャンケンをする。一番勝った子が，班代表。

② 次に，決勝戦。班代表全員でジャンケンをする。

③ 班代表が優勝した班が，その日のラッキーグループ。ラッキーグループは，給食のおかわりや授業中の発表など，いろんなことを優先してもらえる。

④ 班のメンバーは，班代表の子を一生懸命応援する。また，優勝を勝ち取った班代表は，その班のヒーローになれる。 （蔦）

6 歩こう歩こう

> 体を動かしながら歌うと，子どもたちは自然と笑顔に。
> 元気な歌声と笑顔で1日をスタートしましょう。

すすめ方

① 歌を歌う前，教師は「先生のマネをします」と言う。

② 歌い始めたら，「歩きながら〜」と言って教師が足踏みをする。子どもたちはマネして，足踏みする。これだけで楽しくなる。

③ さらに「回りながら〜」「左右に揺れながら〜」「となりの人と肩を組んで〜」など教師がやってみせながら指示をする。子どもたちはマネしてどんどん笑顔になっていく。

④ 最後は，「両手を挙げて〜」など決めポーズをするとよい。一体感が出て盛り上がる。

⑤ リコーダー練習にもオススメ。「歩きながら〜」「右を向いて〜」など指示するだけで，マーチングっぽくなる。(中野)

25

⑦ 早口ことバトル

> スラスラ言えるとうれしくて，言い間違えても面白い。うまく言えても言えなくても，早口言葉は子どもたちの顔をキラキラと輝かせます。

・・・・・・・・・・・・・・・ すすめ方 ・・・・・・・・・・・・・・・

① 教師は，今日の早口言葉を発表する。「バラバラなババロア」「あぶりカルビ」「神アニメ」など。

② 30秒間，クラス全員で練習をする。うまく言えても，言い間違えても，子どもたちは笑顔。

③ 全員起立して，ペアになる。「スタート！」の合図で，ペアで交互に3回ずつ早口言葉を言う。

④ 正しく言えたペアはハイタッチして座る。教師はどのペアが一番早く座るか見ておく。

⑤ 教師が一番早く座ったペアを発表する。そして，そのペアにみんなの前で言ってもらう。うまく言えたら，クラスみんなで拍手を贈る。　　　　　　　　　　（蔦）

8 **教えて！ 魔法のクジ**

　子どもたちの願いごとが叶(かな)うかどうか？　魔法のクジが教えてくれます。クジの答えは，実に適当。あまりの適当さに，子どもたちは思わず笑ってしまいます。

●●●●●●●●●●●●●●●●●●●●●● **すすめ方** ●●●●●●●●●●●●●●●●●●●●●●

① 　教師は魔法のクジを用意する。Ｂ５サイズの紙に「〇〇君が全てを知っています。聞いてみてください」「願いごとを叶えたいなら，右に座っている神様をおがんでください」など書き，4つに折る。クジは箱に入れておく。

② 　朝の会で日直の子に，願いごとを発表してもらう。「今日の給食のおかわりじゃんけんに勝ちたいです」など。

③ 　クラス全員で「教えて，魔法のクジ！」と呪文(じゅもん)を唱える。

④ 　日直の子は，魔法のクジを引く。そして，書かれている内容を読み上げる。

⑤ 　クジには「先生のみぞ知る」「君は，不可能を可能にできる子に間違いない」「叶うかもしれないし，叶わないかもしれない」など書いてある。どうとでも取れる適当な答えに，子どもたちは思わず笑ってしまう。　　　　　（川上）

27

9 朝一番の大ボラストーリー

1人が一言ずつ話して，クラス全員で即興の「大ボラ話」を作ります。朝イチでみんなで大笑いし，脳みそもシャキッと目覚めます。

∴∴∴∴∴∴∴∴∴∴∴∴∴∴∴ **すすめ方** ∴∴∴∴∴∴∴∴∴∴∴∴∴∴∴

① クジで選ばれた人から席順に一言ずつテンポよく話していく。ラストは，クジで選ばれた人の前の席の人。

② 子どもたちは「きのう」「優太先生は」「宝くじが当たったので」「何と！」「宇宙旅行に行きました」「そして」と話をつないでいく。

③ 残酷なもの，下品なものは，注意する。そして，言ってはいけないというルールを作る。

④ ラストの子は，「〜とさ。おしまい」で締めくくる。つじつまが合わなくてもOK。かえって面白い話になる。

⑤ 全員で作り上げた「大ボラ話」をもう一度くり返してみる。すると，無茶苦茶な話に，再び笑いが起きる。(鈴木優)

第 3 章

授業だからこそ
もっと笑う！

　　笑いが溢れる学校生活は，笑いが溢れる授業から。

　　知的に笑いを巻き起こす工夫を，どどんと11連発でどうぞ！

　　子どもたちも，そして，私たち教師も笑顔満開。

　　年間1000時間の授業が充実します。

1 たし算し〜て〜 合わせましょっ，10！

　2人で出した指の合計が10になればOKというゲームです。うまくいったペアは，心地よい一体感の中で笑顔がこぼれます。

すすめ方

① 子どもたちは，ペアを作る。2人で声を揃えて，「たし算し〜て〜合わせましょっ，10！」と言う。

② 「10！」の言葉に合わせて，指を何本か出す。2人の出した指の合計が10になれば，大成功。

③ 2分間，ペアを変えながら，①〜②をくり返す。

④ 2分後，教師は何回成功したか聞く。たくさん成功した人が優勝。

⑤ 10以外でもできる。最初にペアで数字を決めて，その数字を出せたら成功というルールも楽しい。　（鈴木優）

2 かけ算し〜て〜 合わせましょっ，○！

> ペアになり，お互いが出した指の数をかけます。その答えが２人で決めた数になったら成功というゲームです。

······················· **すすめ方** ·······················

① 子どもたちは，ペアを作る。そして，答えになる数字を決める。例えば，「24」など。

② ２人で声を揃えて，「かけ算し〜て〜合わせましょっ，24！」などと言う。

③ 「24！」などの数字に合わせて，指を何本か出す。２人が出した指の数をかけて，答えが 24 になれば大成功。

④ ２分間，ペアを変えながら，①〜③をくり返す。２分後，教師は何回成功したか聞く。たくさん成功した人が優勝。

⑤ 「81」など９と９の組み合わせしかない九九があることに気づく子が出る。そして，たくさん成功させる。その時は，「一度使った数は使えない」などのルールを加えてもよい。

（鈴木優）

3 漢字ドリル☆ペア交互高速読み

漢字ドリルは「書く」だけでなく「読む」ことにも使えます。漢字ドリルをうまく使って，子どもたちを楽しく鍛えましょう。

すすめ方

① 　1～20までの例文が載っているページを開いて立つ。

② 　ペアで順番を決め，「スタート！」の合図で1文ずつ交互に音読する。20まで読めたら，ハイタッチをして座る。

③ 　教師はどのペアが早く座れたか見ておく。そして，第3位，第2位，一番早く座った優勝ペアを発表する。

④ 　2回目，3回目とくり返し行うと，伸びを実感できる。

⑤ 　他にも，次のようないろいろなパターンで鍛えるとよい。

（例）・個人高速読み……とにかく速く読んで，座る。

　　　・グループ輪番高速読み……4～5人で順番に速く読んで，ハイタッチをして座る。

　　　・ペア交互大声高速読み……教室の両端に分かれ，交互に大きな声で速く読んで，ハイタッチして座る。

（蔦）

※土作彰氏に講座で教えていただいた実践を参考にしました。

4 細胞レベルで覚えてる？

　　私たち人間の細胞は 37 兆個もあると言われています。漢字や重要語句など，ここぞ！　という時には，全身の細胞をフル活用して覚えましょう。

・・・・・・・・・・・・・・・・・・・・・　すすめ方　・・・・・・・・・・・・・・・・・・・・・

① 　新出漢字の学習の時など，「だれの」「どこに」「何で」「何回書く」のクジを教師が引く。

② 　クジには，次のように書いておく。

　「だれの」：自分の，隣の人の，後ろの人の，男子の，など。

　「どこに」：机に，椅子に，額に，背中に，掌に，など。

　「何で」：人差し指で，３本指で，掌で，肘で，など。

　「何回書く」：３回，10 秒間，やめと言われるまで，など。

③ 　教師は，引いたクジを読み上げていく。「『肉』という漢字を，『右隣の人の』『机の下の床に』『足で』『15 回書く』」など。

④ 　子どもたちは，読み上げられた内容通りに書く。

⑤ 　「絶対それはできない！」という時は，「ノートに 10 回書きます！」と宣言して書いてもＯＫ。　　　　　　（鈴木優）

5 ひらがなポーカー

トランプのポーカーの応用編です。5枚の手札を使って，1つの言葉を作ります。一番長い言葉を完成させた人が優勝です。

① 4～5人のグループになり，リーダーを決める。

② リーダーはひらがな50音のカードをよく混ぜる。裏向きにして全員に5枚ずつ配る。

③ 全員が一斉に自分の手札を確認する。手札を見ながら2回カード交換ができる。

④ カード交換が終わったら，カードを見せ合う。一番長い言葉を作った人が優勝。

⑤ 5文字の言葉を作った子は，クラス全員の前で紹介するとよい。子どもたちのやる気がアップする。 　　　（鈴木直）

34

6 都道府県しりとり

　2人で協力して，都道府県名でしりとりをします。いくつ都道府県名をつなげることができるか勝負です。

・・・・・・・・・・・・・・・・・・・・　すすめ方　・・・・・・・・・・・・・・・・・・・・

① 　ペアを作り，都道府県名でしりとりをして書いていく。くまもと→とちぎ→きょうと……，など。3分間，2人で一緒に考えて，一番長くつながる組み合わせを考える。

② 　3分後，いくつ都道府県名をつなげられたか聞く。一番多くの都道府県名をつなげたペアが優勝。

③ 　優勝ペアにできた都道府県名しりとりを声を揃えて言ってもらう。聞いていた子どもたちから「すごい！」「神ってる！」と歓声が上がる。

④ 　子どもたちは，自主学習などで，もっと長くつながる組み合わせはないか考えてくる。

⑤ 　県庁所在地しりとり，国名しりとり，歴史人物しりとりなど，いろいろなパターンで楽しめる。　　　　　　　（蔦）

7 まぜまぜたし算色鉛筆

色鉛筆3本（三原色）を使って，色のたし算（混色）を楽しく覚えちゃいましょう。

∴∴∴∴∴∴∴∴∴∴∴∴ すすめ方 ∴∴∴∴∴∴∴∴∴∴∴∴

① 1人が色鉛筆を3本（赤・黄・青）用意する。どの色鉛筆を出すのか，自分も友達も分からないように，背中側に隠し持つ。

② ペアを作り，「まぜまぜたし算，い～ろえんぴつ！」のかけ声で1本を体の前に出す。

③ 2人の出した色鉛筆の色をたし算（混色）してできた色を早く言った人が勝ち。

④ 赤と黄は 橙（だいだい），赤と青は紫，黄と青は緑。同じ色を出した時は，その色に白を混ぜた色を早く言った方が勝ち。赤に白でピンク，青に白で水色，黄に白でクリーム。

⑤ 制限時間は3分間。時間内に，ペアをどんどん交代して，勝負する。勝った数の多い人がチャンピオン。　　（小倉）

⑧ ジャンケンかけ足ゲーム

> 4つの関門をジャンケンで突破していくゲームです。どんどん走って運動量豊富。ウォーミングアップに最適です。

すすめ方

①　クラスを2チームに分ける。まずは，先攻チームが攻撃。

②　後攻チームは，守備。トラックを4つに分けて白線を引き関門を作る。関門に立って攻撃を待ち受ける。

③　先攻チームは，スタート地点から反時計回りに走る。関門まで行ったら，後攻チームとジャンケンする。勝ったら，次の関門に向けて走る。負けたら1つ前の関門まで戻って白線を踏み，もう一度次の関門にチャレンジする。

④　4つの関門を突破してスタート地点に戻ったら1点。2周目にチャレンジする。

⑤　5分経ったら，攻守交代。5分間でたくさん点を取ったチームが勝ち。　　（梶川）

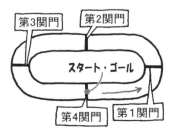

⑨ ダイヤモンドウォーキング

リーダーのかけ声のもと、ダイヤモンド（ひし形）が崩れないように歩きます。始めは、うまくいかずに大笑い。練習を続けると、動きが揃い、一体感が生まれます。全員がリーダーを経験できるのもよい点です。

すすめ方

① 4人1組で、ひし形をイメージした隊形に並ぶ。間隔は狭い方がやりやすい。慣れてきたら、間隔を広げていく。

② リーダーを決める。そして、リーダーが先頭になるような方向を向く。

③ リーダーは「1，2，1，2……」とかけ声をかける。他のメンバーはかけ声に合わせ行進し、リーダーの後をついていく。この時、ひし形を崩さず、等間隔をキープする。

④ リーダーが止まって足踏みを始めたら、方向転換の合図。「回れ〜，右」など指示に従って、方向転換する。方向転換したら、その時先頭にいる人がリーダーになる。

⑤ 慣れてきたら、間隔を広げる。大股歩き、ジョギングに変えても面白い。 （鈴木直）

10 ハラハラ！ ドキドキ！ パズルｄｅ席替え

> 同じ広告のピースを持っている人が一緒の班です。子どもたちは，誰と同じ班なのか？ ハラハラ！ ドキドキ！ します。

すすめ方

① 教師は広告の紙をクラスの人数の 1/4 枚用意する。32人学級なら，８枚用意する。

② その広告の紙１枚１枚を適当に４つに切る。

③ 子どもたちは，カットされた広告の紙を１枚取る。

④ 同じ広告を持っている人を探す。４人集まれば，１枚の広告が完成する。その４人が同じ班に決定。

⑤ 早くできた班から好きな席に座る。子どもたちはよい席を確保したくて，一生懸命同じ班の人を探す。 （小野）

39

「お花を摘みに行ってきます」!?

授業中，トイレに行く子がいませんか？　先生への断り方を少し変えるだけで教室は楽しい雰囲気に包まれます。

① 授業中，子どもが「先生，トイレに行ってもいいですか？」と聞きに来る。その時，教師は「授業中なのに，『トイレ』とか汚い言葉を使ってはダメだ」と言う。

② 教師は「トイレに行きたい時，女子は『お花を摘みに行ってきます』と言いなさい」と教える。また「男子は『鷹を狩りに行ってきます』と言いなさい」と教える。

③ 子どもたちは，教えられたように言ってから，トイレに行く。それを聞いた他の子は，笑顔になる。また，「先生，トイレ」という間違った日本語の使い方もなくなる。

④ 慣れてきたら，他の言い方でもよいことにする。子どもたちは，「世界の平和を守りに行ってきます」「東京ガールズコレクションに行ってきます」などと言い，クラスは大爆笑になる。

(梅﨑)

郵便はがき

４６０－８７９０

４１３

名古屋市中区
　　丸の内三丁目 6 番 27 号
　　　　（ＥＢＳビル 8 階）

黎明書房 行

||||||||||||||||||||||||||||||||||||||||||||||||||

購入申込書

●ご注文の書籍はお近くの書店よりお届けいたします。ご希望書店名をご記入の上ご投函ください。（直接小社へご注文の場合は代金引換にてお届けします。1500 円未満のご注文の場合は送料 530 円，1500 円以上 2700 円未満の場合は送料 230 円がかかります。〔税 8 ％込〕）

（書名）　　　　　　　　　　（定価）　　　　　円（部数）　　　　部

（書名）　　　　　　　　　　（定価）　　　　　円（部数）　　　　部

ご氏名　　　　　　　　　　　　　　　　TEL.

ご住所 〒

ご指定書店名（必ずご記入ください。）	取次・番線印	この欄は書店または小社で記入します。
書店住所		

愛読者カード

書名	

1. 本書についてのご感想および出版をご希望される著者とテーマ

※上記のご意見を小社の宣伝物に掲載してもよろしいですか?
　　　　□　はい　　　　□　匿名ならよい　　　　□　いいえ

2. 小社のホームページをご覧になったことはありますか?　　□　はい　　　□　いいぇ

※ご記入いただいた個人情報は，ご注文いただいた書籍の配送，お支払い確認等
　連絡および当社の刊行物のご案内をお送りするために利用し，その目的以外で
　利用はいたしません。

ふりがな			
ご氏名		年齢	歳
ご職業		（ 男 ・ 女	

（〒　　　　　）	
ご住所	
電話	

ご購入の 書店名		ご購読の 新聞・雑誌	新聞（ ） 雑誌（ ）

本書ご購入の動機 (番号を○で囲んでください。)

　1. 新聞広告を見て（新聞名　　　　　　　　　　）
　2. 雑誌広告を見て（雑誌名　　　　　　　　　　）　3. 書評を読んで
　4. 人からすすめられて　　　5. 書店で内容を見て　　　6. 小社からの案内
　7. その他（　　　　　　　　　　　　　　　　　　　　　　　　　　）

　　　　　　　　　　　　　　　　ご協力ありがとうございました。

第 4 章

隙間時間にこそ
もっと笑う！

　授業をがんばった！　その後に少しでも時間を見つけたら，「お笑い」のネタで盛り上がりたいですね。

　隙間の時間には，笑うチャンスがいっぱいです。

　みんなでたくさん笑って，次の時間へ楽しく勢いをつけましょう。

1 「先生のこと，好きですか？」
「愛してます！」

授業時間が少し余ったら，思い切って遊ぶのもいいですね。でも，その前にお約束。子どもたちに「先生，愛してます！」と言わせましょう。

すすめ方

① 授業が少し早く終わった時，教師は「先生のこと，好きですか？」と聞く。

② 「好きじゃない」という反応だったら，「ゲームしようと思ったけど，最後に練習問題をしましょう」と言う。子どもたちはガッカリした表情。

③ 教師はもう一度，「先生のこと，好きですか？」と聞く。子どもたちは，「好き」と答える。教師はさらに，「みんなで『愛してる！』って言ってほしいな」と言う。

④ さらにもう一度，「先生のこと，好きですか？」と聞く。すると子どもたちは「愛してます！」と言ってくれる。「うれしいから，ゲームをしよう！」と言うと，歓声が上がる。

⑤ 「先生のよい所を5つ言えたら，ゲームをしよう」なども楽しい。 　　　　　　　　　　　　　　　　　　　　　　　（中村）

鉛筆ゆらゆらバランス

> 手のひらに鉛筆を1本立てて勝負です。さぁ！　誰が一番長く立てられるかな？　手のひらでバランスを取って，ゆらゆら揺れる鉛筆をどうにか立て続けましょう。

すすめ方

① 長めの鉛筆を1人1本用意する。

② 手のひらの上に鉛筆を立てて置く。鉛筆の削っていない方が下。

③ 全員，起立をしてゲームスタート。鉛筆のバランスを取るために，動くのはOK！　でも，もう片方の手で触ったらアウト。

④ 鉛筆が倒れたら，その場に座る。最後まで倒れずに残った人が優勝。

⑤ 手のひらでなく，人差し指だけに鉛筆を乗せるのも難しくて面白い。　　　　　　　　　　　　　　　　　　　（小倉）

43

3 あっち向いて，コイ！

「あっち向いて，ホイ！」は，指さされた方向を向いたらアウトです。「あっち向いて，コイ！」は，指さされた方向を向けばセーフです。

〰〰〰〰〰〰〰〰〰〰 **すすめ方** 〰〰〰〰〰〰〰〰〰〰

① 子どもたちは全員立つ。そして，全身を使って，右，左，上，下を向く練習をする。

② 教師は「あっち向いて，コイ！」と言って，全身で右，左，上，下のどこかを指さす。子どもたちは，「コイ！」に合わせて，全身で右，左，上，下のどこかを向く。

③ 指さした方向を向ければ，セーフ。立ったまま。向けなければ，アウト。座っていく。

④ 最後まで立っていた子が優勝。

⑤ 子どもたちが全身を使って全力で同じ方向を向く姿は，くだらなさの極地。「教師になってよかった」と心から思える光景が見られる。　　　（中村）

4 お腹の中♪生まれたて♪

これも，指さされた方向を向けばセーフという遊びです。「お腹の中♪生まれたて♪1歳♪2歳♪……」と何歳なのか判定します。

••••••••••••••••••••• すすめ方 •••••••••••••••••••••

○ 　2人組になる。指をさす役の人は立つ。

② 　指をさす役の人は，座っている人の顔を指さす。そして，「お腹の中♪生まれたて♪1歳♪2歳♪……」と「♪」のところで，右，左，上，下のどこかを指さす。

③ 　座っている人は，指さされた方向を向く。向ければセーフ。どんどん年齢が増えていく。

④ 　指さされた方向を向けなければ，アウト。その時言った年齢がその人の年齢。

⑤ 　クラス全員が挑戦して，誰が一番年上か競う。　（中村）

45

⑤ 天空ジャンケン

勝てば高い所に昇り，負ければ低い所に降ります。勝ち負けが一目で露骨に分かるジャンケンです。勝ち続けてたどり着いた天空からの眺めは最高です。

⋯⋯⋯⋯⋯⋯⋯⋯⋯⋯ すすめ方 ⋯⋯⋯⋯⋯⋯⋯⋯⋯⋯

① クラス全員が机の下に潜る。そして，先生と一斉にジャンケンをする。

② 一度勝ったら，椅子に座る。二度勝ったら，椅子の上に立つ。三度勝ったら，机に座る。四度勝ったら，机の上に立つ。イスや机の上に立つ時には，上靴を脱ぐ。

③ ただし，負けると一つ降格する。

④ 一番最初に机の上に立った子が優勝。

⑤ ペアで勝負しても面白い。1分間続けて，高い所にいた子が勝ち。 （鈴木優）

お！いい眺め…！

そんなに？

6 動物語チェ～ンジ

「チェ～ンジ！」の一声で人間の言葉が動物語に変わります。普段の何気ない会話も爆笑話にチェンジです。

すすめ方

① 3人組になる。2人が話者，1人がチェンジマン。

② 話者2人が普通に会話を始める。「好きなスポーツ」「3億円当たったら」など，教師がお題を出すと話しやすい。

③ 話の途中で，チェンジマンが「チェ～ンジ！　犬」と言う。すると，話者は犬語しか話せなくなる。話者は「ワンワワン，ワワン，ワンワン！」と話す。チェンジマンが再び「チェ～ンジ！」と合図すると，普通の会話に戻る。

④ チェンジマンは好きなタイミングで「チェ～ンジ！　ゴリラ」と言う。話者は「ウホ，ウホホホホ！」と話しだして，みんな大笑い。ゴリラのように胸を叩きながら言う話者も出て，さらに大盛り上がり。

⑤ 「チェ～ンジ！」で人間語，「チェ～ンジ！　○○（動物の名前）」で動物語に変える。人間語と動物語を交互に使い，2分間会話を続ける。　　　　　　　　　　　　　　（鈴木優）

7 さかさましりとり

「り」んご→こと「り」と，頭文字を次の言葉の語尾にして続けるしりとりです。いつもと違う，ちょっと難しいしりとり。班の仲間と力を合わせて答えを見つけましょう。

すすめ方

① 班対抗で行う。子どもたちは班になって，全員起立する。

② 教師が「りんご」と最初の言葉を指定してゲームスタート。まずは１班が挑戦。クラスみんなで「さかさましりとり♪５，４，３，２，１，ブー」とカウントダウンする。その間に１班の誰かが「ことり」と言えればセーフ。次は２班が挑戦。

③ クラスみんなで「さかさましりとり♪５，４……」とカウントダウンする。その間に２班の誰かが「みじんこ」と言えればセーフ。言えなければ，アウト。座っていく。

④ ３班，４班……１班と順番にさかさましりとりを続けていく。最後まで立っていた班が優勝。

⑤ 意外な子が得意で活躍する。班の中で一番活躍した人を話し合い，みんなに紹介するとよい。 （小倉）

8 絶対に笑ってはいけないリコーダー

人間，絶対に笑ってはいけないと思えば思うほど，笑ってしまうもの。リコーダーを吹きながら，どれだけ笑いを我慢できるか勝負です。

すすめ方

① 子どもたちは，「笑わせ隊」を何人かで結成する。

② それ以外の子は，リコーダーを演奏する。「カエルの歌」「チューリップ」など簡単な曲がよい。

③ リコーダーを演奏している間に，「笑わせ隊」は面白いことをする。動物のモノマネ，お笑い芸人のギャグ，真顔で見つめる，変な踊り，ミニコントなど。

④ 教師は笑う子が出ないか見ておく。そして，笑う子が出たら，「ジャジャーン」と言う。

⑤ 子どもたちは演奏をやめる。教師は「○○（笑った子の名字），アウト」と言う。笑った子は，他の子にくすぐられる罰を受ける。　　　　（吉田）

⑨ 写真で一言

> 教科書には写真やイラストがたくさん載っています。それらを使って，楽しく大喜利を行いましょう。

① 教科書に載っている写真（イラスト）を全員で見る。人物や動物の写真が考えやすいのでオススメ。

② 教師は「この写真で一言」と言う。子どもたちはペアで面白い一言を考える。例えば奈良の大仏の写真を見て，「俺，目開けたらかっこいいぜ」。

③ 席の順番に発表していく。面白い一言を言ったペアには「一本！」と言って称賛する。面白くなくても，教師がツッコミを入れて盛り上げる。

④ ペアで考えることが難しいようなら，グループ対抗戦にしてもよい。

⑤ また，その日に撮った子どもの写真を使って，帰りの会で行うのも面白い。 （成田）

消しゴムかくれんぼ

> かくれんぼは，外遊び？　いえいえ，教室でもできるんです。消しゴムを自分の分身にして，好きな場所に隠れてみましょう。

················ **すすめ方** ················

① 　自分の分身用に消しゴムを1つ用意する。消しゴムには名前を書いておく。

② 　鬼は，教室の外に出て30秒数える。他の子はその間に消しゴムを隠す。ただし，机やお道具箱，ランドセルの中など，勝手に開けたら困る場所には隠せないルールにする。

③ 　鬼は大きな声で「もういーかーい？」と聞く。他の子は，準備ができていたら，「もーいーよー」と答える。

④ 　鬼は教室の中を自由に歩き回り，消しゴムを探す。消しゴムを見つけたら，「見ーつけたー」と言う。そして，消しゴムを持ち主に手渡す。

⑤ 　制限時間は，5分。子どもたちは自分の消しゴムが見つからないか，ハラハラする。終了の合図と共に，見つからなかった子どもたちの歓声が響き渡る。　　　　（鈴木直）

51

11 どきどき鉛筆

鉛筆は書く道具だけど，立ててみちゃおう。たくさんの鉛筆を立てた人が勝ちというシンプルなゲームです。倒れそうな時のドキドキがたまりません！

すすめ方

① 子どもたちは，鉛筆や色鉛筆のお尻（削ってない方）を下にして，机の上に垂直に立てる。

② 制限時間は１分間。持っている鉛筆や色鉛筆をどんどん立てていく。

③ 制限時間内ならば，何度でも倒れた鉛筆を立て直してよい。

④ １分後，立っている鉛筆の数が多い人が勝ち。

⑤ 個人戦だけでなく，チーム戦で行ってもよい。チームワークが高まり，面白い。　　　　　　　　　　　　　（小倉）

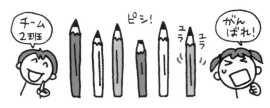

第 5 章

休み時間だから もっと笑う！

　　よく遊ぶ人，よく笑う人に悪い人はいません。

　　いっぱい遊んで汗かいて，子どもたちと一緒にワッハッハと思いっきり笑ってみましょう。

　　休み時間のひと笑いが，クラスの平和にきっとつながります。

1 何がでるかな？ 先生の遊びルーレット

ダメだと分かっていても，教師の休み時間は決まった遊びに偏りがち。ルーレットで遊びを決めると，クラスの一人ひとりと漏れなく遊べます。

・・・・・・・・・・・・・・・・・・・・・・ すすめ方 ・・・・・・・・・・・・・・・・・・・・・・

① 教師は休み時間，子どもたちがどんな遊びをしているのか観察する。

② 子どもたちの遊びに合わせて，ルーレットを作る。ドッジボール，鬼ごっこなど。矢印を作り，押しピンで止めて，クルクル回るようにする。

③ 休み時間になったら，ルーレット上の矢印を回す。どの遊びで止まるか？　子どもたちはドキドキ。

④ 矢印が止まった所の遊びに決定。教師は休み時間，決まった遊びを子どもたちと楽しむ。　　　　　　　　　　　　（吉田）

② 記憶力しりとり

定番のしりとりに一工夫。出て来た言葉を全部覚えて言わなければならないしりとりです。ゲームが進むにつれて，難易度もアップ。最後の1人には自然と大きな拍手が贈られます。

すすめ方

① 1人目が「ちりとり」など言葉を指定してゲームスタート。

② 次の人は，「ちりとり，りす」と言う。その次の人は，「ちりとり，りす，すいか」と言う。

③ 同じように自分の番が来たら，それまでに出て来た全ての言葉を言わなければならない。

④ 全ての言葉が思い出せなかったり，間違えてしまったらアウト。もちろん，しりとりが続けられなくてもアウト。

⑤ 最後まで残った人が優勝。どんどん難易度が上がるので，優勝者には自然に大きな拍手が起きる。　　　　　　　（野口）

3 あの子の秘密deカルタ

> 自己紹介の内容を読み札にしてカルタをしましょう。くり返し遊ぶとお互いのことがよく分かり，仲よくなれます。

① 子どもたちは，自己紹介カルタを作る。絵札には，自分の顔と名前を書かせる。班に分かれて遊べるように，絵札は班の数だけ書かせるとよい。

② 読み札には，「好きな食べ物」「苦手な食べ物」「好きな教科」「将来なりたい職業」「特技」を書かせる。

③ 各班にクラス全員分の絵札を配る。班に分かれて，自己紹介カルタの勝負スタート。

④ 教師が読み札を１枚読み上げる。子どもたちは誰か分かったら，素早く絵札を取る。たくさん取った人が勝ち。

⑤ 教室に置いておくと，休み時間に自己紹介カルタをする子が出る。くり返し遊ぶと，友達のことがよく分かる。また，自分のことも分かってもらえて仲よくなれる。（小野）

④ パプア牛乳屋

「パプアニューギニア」と「パパは牛乳屋」を交互に言い，増やしていくゲームです。噛(か)み噛(か)みで子どもたちは大爆笑です。

① 2人組でジャンケンして，先攻後攻を決める。

② 先攻が「パプアニューギニア」と言う。続けて後攻は「パプアニューギニア，パパは牛乳屋」と言う。

③ 次は先攻が「パプアニューギニア，パパは牛乳屋，パプアニューギニア」と言う。後攻は「パプアニューギニア，パパは牛乳屋，パプアニューギニア，パパは牛乳屋」と言う。

④ このように先攻と後攻が一語ずつ増やして交互に言う。増えていくと，噛みやすくなる。噛んだ瞬間，笑いが起きる。

⑤ 噛まずにどれだけ言えるかの勝負も面白い。最高記録保持者同士での頂上決戦は，みんなも注目して盛り上がる。

(梅﨑)

5 輪ゴムはどっちだ？

輪ゴムがどっちの手に移動したのかを当てるゲームです。一瞬で移動するので，子どもたちは集中して見ます。

① 教師は輪ゴムを切って，1本のひもみたいにする。そして，両手の親指と人差し指の間にはさみ，引っ張る。手はグーの形。

② 片手をゆるめて，輪ゴムを離す。すると，もう一方の手のひらに輪ゴムが吸い込まれる。

③ ものすごいスピードなので，子どもたちはどっちの手に吸い込まれたのか分からない。

④ 教師は「どっちだ？」と聞く。子どもたちは，輪ゴムが入っていると思う方の手を指さす。

⑤ 「正解は～，こっち！」と手を開いて，発表する。当たった子は，「やった～！」と歓声を上げる。 （山根）

6 新聞ビリビリ相撲

> 動けば動くほど，自分の穴も破れちゃう！　スリリングな駆け引きが面白いゲームです。力の強さも関係なく，男女仲よく遊べます。みんなでたくさん笑い合いましょう。

すすめ方

① 　ペアで新聞紙を1枚（2面分）使って勝負するゲーム。1枚の新聞紙に2つの穴を開ける。

② 　2つの穴にそれぞれ頭を入れて座る。正座が遊びやすい。

③ 　「はっけよーい，のこった」の合図で，相手の穴が新聞紙の端まで破れるように，頭を前後左右に動かす。

④ 　相手の新聞紙を端まで破ったら，勝ち。

⑤ 　新聞紙に開ける穴の大きさを小さくして，腕や足でしても面白い。　　（小倉）

⑦ めちゃくちゃウォーキング

廊下も普通に歩くだけでは，もったいない。いろいろな歩き方をすれば，子どもたちが笑顔で話しかけに来ます。

・・・・・・・・・・・・・・・・・・ すすめ方 ・・・・・・・・・・・・・・・・・・

① 廊下を歩く時，教師は手足を元気よく大きく振って行進する。

② 子どもたちが「なんでそんな歩き方なの？」とツッコんで来たら，教師は手を挙げてハイタッチを促す。

③ ハイタッチしてきたら，「いててて〜〜！」とオーバーにリアクションする。ハイタッチしてくれなかったら，「え〜，スルーされて悲しい」と泣く真似をしてリアクション。

④ 両手を左右に振って欽ちゃん走りをしたり，競歩の選手のように歩いたりしても楽しい。（梶川）

1・2
1・2…

ハイタッチ

先生，子どもですか

秘密のアイドルドッジボール

王様ドッジの「王様」を「アイドル」に変えた遊びです。それだけですが，違う楽しさが味わえます。勇者たちよ，矢のごとく飛んでくるボールからアイドルを守ろう！

すすめ方

① 2つのグループに分かれる。

② 相手チームに分からないように「秘密のアイドル」を1人決める。「秘密のアイドル」は，女子に限らない。男子でもOK。

③ 「秘密のアイドル」が当たったら負けというルールでドッジボールを始める。誰が「秘密のアイドル」かは，敵チームには絶対に内緒。バレないようにする。

④ チームのメンバーは，自分が犠牲になっても「秘密のアイドル」を守ろうとする。

⑤ 子どもたちは，アイドルを守る勇者のように振る舞う。「俺の後ろに来い！」「絶対に守ったる！」などの声かけが女子のハートを鷲掴みにする。　　　　　　（小倉・鈴木直）

⑨ 殿様を守れ！

うんてい
　雲梯を左右に分け，陣を構えます。ジャンケンに勝っ
て雲梯を進んでいき，最後の砦の殿様と勝負です。殿様
がやられてしまったチームは負け。「殿様を守れ！」と
子どもたちは，はりきります。

すすめ方

① 　2つのチームに分かれる。雲梯を左右に分け，両チーム
　　が向かい合うようにする。
② 　チームで殿様を1人決める。殿様は雲梯の端にあぐらを
　　かいて座る。
③ 　殿様以外の人が順番に雲梯を進んでいく。ぶつかったら
　　雲梯から降りてジャンケン。勝ったら進める。ジャンケン
　　に負けたり，途中で落ちてしまったら，次の人が出動する。
④ 　ジャンケンで勝ち続け，雲梯を渡り切ったら，最後の砦
　　である殿様と勝負。殿様がジャンケンに負けたら，落城。
⑤ 　殿様は相手チームに降伏するか，再戦を申し込む。

（鈴木直）

10 あんたがたどこまで

子どもたちは,「あんたがたどこさ」の歌に合わせて, 両足ジャンプで進んでいきます。一番遠くまで行った人が, 勝ち。運動能力やチーム力を高めることができます。

すすめ方

① 子どもたちは,「あんたがたどこさ」の歌を歌う。歌いながら, 両足ジャンプで進んでいく。

② 歌詞に「さ」が出た時だけ, 後ろにジャンプする。

③ 曲が終わった時に, 一番遠くまで行った子が勝ち。

④ 1人で慣れてきたら, 2人組で挑戦する。前の人の肩を持って, 縦一列で行う。肩を持っている手が離れたら, アウト。記録は認められない。

⑤ 5人組, 10人組と人数を増やしていくとよい。難しくなって, 作戦を立てる必要が出る。協力を促すのに最適。 （浦上）

11 うがいで覚えよう

元気に外で遊んだ後は，うがいが欠かせません。ガラガラガラ……こんな時間にもちょっとした工夫でひと笑いさせましょう。

・・・・・・・・・・・・・・・・・・・・・ すすめ方 ・・・・・・・・・・・・・・・・・・・・・

① 手洗い場に「ウガイスル者，水ヲロ(クチ)ニフクミ，真上ノ言葉ヲ3回トナエヨ↑」と書いた掲示物を貼る。

② 手洗い場の天井に「三角形の面積＝底辺×高さ÷2」「春眠(しゅんみん)暁(あかつき)を覚(おぼ)えず処処啼鳥(しょしょていちょう)を聞く」「794(なくよ)うぐいす平安京」「鈴木先生はかっこいい」など書いた掲示物を貼る。

③ 子どもたちは，うがいをする時に天井を見上げ，真上にある言葉を3回唱える。

④ 「ガラガラガラガラガラガラ……ガラガラガラ……ガラガラガラ」と何を言っているか分からないのが，また面白い。

⑤ 面白過ぎる言葉を貼ると口に含んだ水を吹き出してしまう可能性があるので注意。学習用語を唱えることで，休み時間モードから学習モードに切り替える効果もある。

（鈴木優）

第6章

給食でさえ もっと笑う！

　いよいよ，みんなが待ちに待った給食時間！

　給食を食べる時間はもちろん，準備から後片付けまで。「お笑い」のネタでとっておきの給食時間にしちゃいましょう。

　もりもり食べて，たくさん笑って，心も体も元気満タン！　です。

① 給食早着替えショー

給食当番が素早く着替えたら、「いただきます」が早くできます。1分間の早着替えで給食準備を楽しくスタートしましょう。

∴∴∴∴∴∴∴∴∴∴∴∴∴∴∴∴∴∴ すすめ方 ∴∴∴∴∴∴∴∴∴∴∴∴∴∴∴∴∴∴

① 給食当番は給食着の入った袋を持って、教室の前に1列に並ぶ。

② 「よーい、ドン」の合図で、着替えを始める。教師は実況中継をする。子どもに実況中継をさせてもよい。

③ 1分以内に着替えたらクリア。1番に着替え終えた人が「早着替えチャンピオン」。拍手を贈る。

④ 着替え終えたら、自分で考えたポージングをする。

⑤ 当番以外の人たちに多数決をとり、ポーズが面白い「ポーズチャンピオン」も作ると盛り上がる。　　　　　　（小倉）

100万円のお仕事だ

給食指導はキャリア教育です。大変な仕事をすれば，お給料がたくさんもらえるのは当たり前。この当たり前を教えましょう。

① 給食当番は給食着に着替え，手を洗う。準備ができた子から廊下に順番に並ぶ。一番早かった子がリーダー。リーダーを先頭に配膳室に向かう。

② リーダーから順番に持って行く物を選ぶ。

③ 一番重たい物を選んだ子に，教師は「大変な仕事がゲットできたね。100万円のお仕事だ」と言う。逆に軽い物を選んだ子には「30円」などと言う。

④ 早い子から重たい物を選ぶようになる。「いくら？」と聞くので，「1000万円」と言うと喜ぶ。遅い子は，軽い物しか運べないので，「10円」など。下手をすると仕事が無くて，「0円」の子も出る。

⑤ 子どもたちは大変な仕事をしてお給料をたくさんもらおうと，素早く着替えるようになる。 （中村）

3 ドキドキ！　ワクワク！　給食限定の席替えタイム

　　今日の給食を誰と食べるかは，その時間になってからのお楽しみ。いつもとは違うメンバーで食べると子どもたちの笑顔があふれます。

すすめ方

① 　４人組の班を作る。班の中で１〜４の番号を決める。

② 　給食の配膳が終わったら，教師が席替えの指示が書かれたクジを引く。「２番の人は，１つ次の番号の班に移動する」「２班の３番と４班の３番が交代」など。

③ 　子どもたちは，クジに書かれた指示通りに移動する。

④ 　クジを３回引いた時点で，その日の給食の班が決定。

⑤ 　子どもたちは，席が決まるまで，ドキドキ！　ワクワク！　また，いつもとは違うメンバーで食べる給食の時間に，みんな笑顔になる。　　　　　　　　　　　　　　（川上）

4 人気のデザートは 「当たり」の子へ

> 「当たり」のシールが貼られている牛乳パックを選んだ子が，デザートを手に入れることができます。

すすめ方

① 「いただきます」の前，余ったデザートがほしい子は，牛乳パックを持って教室の前に集まる。牛乳パックは，配膳台の上に置く。

② 集まった子たちに後ろを向かせる。教師は，余っているデザートと同じ数の牛乳パックの底に当たりのシールを貼る。

③ 子どもたちは，1つずつ牛乳パックを選ぶ。そして，教師の「せーの」の合図で，一斉に牛乳パックの底を確認する。

④ 底を確認した子どもたちの表情や反応に，笑いが起きる。　　（川上）

69

⑤ 給食メニューあいうえお作文

> 給食のメニューの名前を使って，あいうえお作文を作らせましょう。よい作文ができても，めちゃくちゃな作文になっても，子どもたちは大笑いです。

・・・・・・・・・・・ すすめ方 ・・・・・・・・・・・

① その日の給食のメニューの中から，あいうえお作文に使う1品を決める。例えば，カレー。

② 教師が，最初の1文を作る子を指名する。

③ 指名された子は，最初の1文を考えて発表する。

④ 発表した子は，次の文を作成する子を指名できる。これを，最後の1文まで繰り返す。

⑤ 「**か**らい物をいっぱい食べた人は」「**れ**きし（歴史）に名を残す」「**えら**（偉）い人になれるらしいぜ！」などの作文ができる。

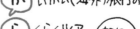
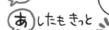

⑥ きれいな作文ができても，めちゃくちゃな作文になっても子どもたちは大笑いする。（川上）

6 食べ物劇場

給食中，嫌いな食べ物に苦戦し，どうしても箸（はし）が進まない子はいませんか？　そんな時の最終手段。教師がその食べ物になりきって話しかけましょう。

すすめ方

① 給食中，教師は子どもたちの様子を見ておく。

② 嫌いな食べ物に苦戦している子を見つけたら，まずは，がんばって食べるように声をかける。

③ それでもダメなら，教師はその食べ物になりきって話しかける。「僕はお肉。給食の王様だよ。僕を食べると筋肉ムキムキになって，元気が出るよ！　○○くんには力持ちになってほしいな」「私は，にんじん姫。食べるとお肌つやつや。美人になるよ！　よく噛（か）んだら甘いんだから」など。

④ すると，その子は，食べたくない気持ちが楽しい気持ちに変わる。そして，パクッと食べる。周りの子どもたちもニコニコ。

⑤ 食べ物のイメージに合わせて，男性，女性，子ども，赤ちゃん，おじいちゃんなど，声色を使うとよい。　（高石）

7 小さくしよう選手権

> どれだけゴミを小さくできるか？　全員参加の「小さくしよう選手権」で勝負。楽しみながら取り組んだことが，ゴミのかさを減らすことにもつながり，一石二鳥です。

すすめ方

① 　子どもたちは，パンや麺などが入っていたビニール袋を結ぶ。何度も結んで小さくする。

② 　教師がお手本を見せて，子どもたちのものと比べる。「まだまだ修行が足りんのぉ」と言い，さらに小さく結ばせる。

③ 　上手に小さくする子が出たら，「おっ，世界最小レベルじゃ！」と大げさにほめる。

④ 　一番小さくできた人の勝ち！　最大級の拍手を贈る。

⑤ 　何回かやっていると，とても上手になる。上手になった子どもが，いろいろなクラスに教えに行くと，そこでもほめてもらえる。子どもたちは，得意顔。　　　　　　　　（蔦）

8 へんきゃくdeアート

給食で出た果物の皮などを美しく並べましょう。調理員さんも美しさにビックリ！　笑顔になってくださいます。

すすめ方

① 給食メニューの一覧表を見て，「いつ・何を使って・どんなものを作るか」子どもたちと相談して決める。

② 最初は教師が図案を作る。オレンジの皮でウサギ，メロンの皮でカメなど。

③ 図案に基づいて，果物の皮や包装アルミなどをみんなで協力して並べる。

④ いつもお世話になっている調理員さんも「すごい！」と笑顔。感謝の気持ちを伝えることができる。（蔦）

9 先生の大好物を当てろ！

> 給食の献立表の中から，先生の大好物を当てます。給食の献立に目を向けるきっかけになります。

∙∙∙∙∙∙∙∙∙∙∙∙∙∙∙∙∙∙∙∙∙∙∙∙ **すすめ方** ∙∙∙∙∙∙∙∙∙∙∙∙∙∙∙∙∙∙∙∙∙∙∙∙

① 来月の給食献立表を配布する。教師は「この中に先生の大好物があります。分かりますか？」と言う。子どもたちは，献立表をじっくり見る。

② 「先生の大好物を当てろ！」とみんなでコールする。教師は，大好物を食べているジェスチャーをする。例えば，皮をむいて，1粒手にとって，食べたら頭がキーン，でも美味しい！　という感じ。とにかく「大げさ」がポイント。

③ 子どもたちは挙手をして，解答する。「冷凍みかんですか？」と正解が出たら，その子にみんなで拍手を贈る。

④ 子どもたちに出題させてもOK。

⑤ 給食でそのメニューが出た時には，「先生，ジェスチャーの時と同じように食べてる！」と会話が盛り上がる。

（鈴木優）

第 7 章

掃除にも
かかわらず
もっと笑う！

　「掃除なんてめんどくさい……」そんな子どもの様子を見て，叱り飛ばしていませんか？

　そんな時こそ，「お笑い」です。いつもの掃除時間に「お笑い」を足せば，きっと，楽しくて夢中になれる掃除時間が生まれます。

　学校も子どもたちの心も，「お笑い」でピカピカにしてしまいましょう‼

1 目指せ！ 掃除で天下統一

掃除が上手な子は領地が増え，下手な子は減っていきます。子どもたちは天下統一を目指して，がんばって掃除をします。

···················· **すすめ方** ····················

① 教室や外庭の面積を担当する人数で均等に分ける。マーカーコーンなどで目印をつける。

② 教師は「君たちに領地を与えよう」と言って，担当する場所を指定する。

③ 子どもたちは「ありがたき幸せ」と言う。そして，与えられた領地を一生懸命掃除する。

④ 掃除が終わったら，教師は評価する。働きのよい子には「よくがんばった」と言って，コーンを動かして領地を広げる。その分，働きの悪かった子の領地は減る。

⑤ 子どもたちは領地を広げようと，一生懸命掃除をするようになる。

(鈴木優)

2 掃除の運動量は万歩計で勝負！

> 運動量が多ければ多いほど，掃除に一生懸命取り組んだ証拠。万歩計の数字を見れば，誰がどのくらい働いたのか一目瞭然です。

すすめ方

① 掃除前，教師は「今日はどれだけ動いたか勝負します」と言う。

② 教師は一人ひとりに万歩計を渡す。百均でクラスの人数分買っておくとよい。子どもたちは，万歩計をポケットに入れて，掃除に取りかかる。

③ 掃除が終わったら，万歩計の歩数を確認する。一番多い歩数だった人が優勝。みんなで拍手を贈る。

④ １週間やって，合計歩数が一番多い人に「掃除チャンピオン」の称号を与えてもよい。

⑤ 掃除場所別で勝負しても面白い。優勝した掃除場所に「掃除ジャパン」や「クリーン戦隊」などの称号を与えると，子どもたちは喜ぶ。そして，やる気になる。 （藤原）

3 お宝探し

床にキラッと光る何かが落ちていたら，拾わずにはいられません。気づきにくい教室の隅にキラッと光るビーズを置いておきましょう。子どもたちはビーズとゴミに気づき，隅々まで掃除をします。

すすめ方

① 教師はビーズを 10 個用意する。そして，教室の隅など目が届きにくい場所に置く。

② 掃除前，教師は子どもたちを集める。そして，「宝探しをします。ビーズが 10 個置いてあるよ。掃除上手な人は見つけられるはず」と言う。

③ 子どもたちはビーズを探して，いつもは見ない隅々までよく見る。また，ロッカーや本棚などを動かす。

④ ビーズだけでなく隅や物の下に隠れているゴミまで発見する。そして，きれいに掃除する。

⑤ 掃除時間が終わったら，ビーズを見つけた場所を聞く。そして，「そんな所までちゃんと見て掃除をしたんだね。すごい！」とほめる。

(鈴木直)

掃除の達人「三ツ星マスター」

どうすればよい掃除ができるのか明示して，ゲーム化しましょう。班対抗の形にすれば，子どもたちはお互いに注意し合いながら，はりきって掃除します。

すすめ方

① 教師は「黙って」「(隣の人と) 離れて」「時間いっぱい」掃除するように言う。

② 子どもたちは①の３つのポイントを意識して掃除をする。各掃除場所のリーダーは，その様子を見ておく。

③ 帰りの会で，教師は「全員が黙ってできた掃除場所の人？」と聞き，リーダーに手を挙げさせる。手を挙げた掃除場所は，一ツ星をゲット。「離れて」「時間いっぱい」も同じようにする。

④ いくつ星をゲットできたか聞く。結果は，各掃除場所のカレンダーに書き込んでいく。

⑤ 教師は１ヵ月に１回，カレンダーをチェックする。ずっと三ツ星をゲットし続けた掃除場所は，「三ツ星マスター」に認定。輝くワッペンを胸に掃除できる。　　　（佐々木）

5 掃除のがんばりは ゴミの量で勝負！

掃除の終わりに，集めたゴミの重さを量って，子どもたちのがんばりをほめましょう。子どもたちは，最重量記録を目指して，毎日，隅から隅まで掃除をするようになります。

すすめ方

① 子どもたちは，担当の掃除場所を一生懸命掃除し，ゴミを集める。

② 掃除の最後に，集めたゴミを小さな袋に入れる。そして，教室へ持ち帰り，重さを量る。

③ 教師は集めたゴミの重さを記録する。記録は掲示しておくとよい。

④ 子どもたちは，前回の記録を超えようと，隅から隅まで掃除するようになる。

⑤ また，毎日集めたゴミの重さを合計して，「今日までに集めたゴミの重さは，〇〇と同じ重さだよ！　すごいね！」とほめると，子どもたちは笑顔になる。　　　　　　　（川上）

6 対決！　椅子下ろし

> 合図と共に，一斉に椅子を下ろします。今日は誰が一番か？　白熱の戦いで掃除を楽しく締めくくりましょう。

① 教室の掃除を終え，後片づけをする。後は机の上に椅子が乗っているだけの状態にする。

② 教師の「よーい，どん」の合図で，子どもたちは椅子を下ろす。

③ 子どもたちは，自分が下ろした椅子の数を覚えておく。

④ 全ての椅子を下ろし終わったら，集まる。

⑤ 下ろした椅子の数を発表する。一番多くの椅子を下ろした人がチャンピオン。みんなで拍手を贈る。　　　　　（野口）

7 ぞうきん君に「命」を吹き込もう

掃除道具を大切に扱うようになると，清掃にも心を込めて取り組むようになります。掃除道具に「命」を吹き込み，子どもたちのやる気を引き出しましょう。

① 1人に1枚，ぞうきんを配布する。

② 教師は「これからいっしょに掃除をしていくパートナーのぞうきん君に『命』を吹き込みます」と言う。

③ 子どもたちはぞうきんに，油性のマジックペンで目や口をかく。また，名前を付ける。

④ 顔がかいてある「マイぞうきん君」を使って清掃に取り組む。子どもたちは，いつも以上にぞうきんを丁寧に扱う。

⑤ 薄くなってきたら顔をかき直す。ぞうきん君がボロボロになったら「今までありがとうございました」と，お別れの儀式をする。

⑥ 画用紙に目や口をかき，ラミネートをかけて，ホウキやバケツにも貼る。すると，愛着がわき，大切に扱うようになる。

(鈴木優)

8 オリジナルアイテムで ピッカピカ

身近にある物を使って，オリジナル掃除道具を開発します。いろいろなアイディアを出し合って，学校中をピカピカにしましょう。

すすめ方

① 家にある掃除に使えそうな物を持ち寄る。

② それらを使って，オリジナルアイテムを作る。

例）使わなくなった歯ブラシで「すみっこブラシ」

割りばしに布を巻き付けて「魔法のスティック」

ラップの芯に輪ゴムを付けて「コロコロトレール」

③ 子どもたちは，自分たちで作った掃除道具を使って，楽しそうに掃除をする。

④ また，オリジナルアイテムで教室の隅々まできれいにすることができる。

⑤ 便利なアイテムは，たくさん作って，他のクラスに配っても喜ばれる。 （蔦）

❾ デビル吉田のささやき

教師が「さぼっちまえよ」と悪魔のささやきをします。子どもたちは悪魔の誘惑に負けないようにがんばって掃除をします。

すすめ方

① 教師はデビルの耳をつける。

② 掃除中，教師は一生懸命掃除していない子に近づき，「掃除なんか他の誰かがやればいいさ。さぼっちまえよ」と耳元でささやく。

③ その子は笑いながらもハッとして，真面目に掃除を始める。

④ 教師は「ちっ」と言って，その場を立ち去る。

⑤ 他にも「誰にも当たらなければ，ちょっとくらい走ってもいいさ。走っちゃえよ」「あいさつって，まじめっぽくてダサい」「整頓しないでポンと置いといた方が，次も取りやすいだろ」「忘れ物は仕方ない。だって，わざとじゃないもんね」など，いろいろな場面で使える。　（吉田）

第8章

帰りにも
もっと笑う！

　　ワッハッハと笑いで始まった今日1日。
　　1日の最後もワッハッハと笑って締めくく
りましょう。
　　朝から帰りまで，いっぱい笑った子どもた
ちは，きっと思ってくれるはず。
　　「早く明日にならないかな」「早く学校に来
たい！」と。

1 ○○小の果てまでイッテQ

> 他の学年の教室や校舎裏など。学校の中には，普段足を運ばない場所がたくさんあります。学校のいろんな場所に目を向けさせることができるネタです。

すすめ方

① 朝の会で，日直がクジを引く。クジには，「6年1組」「職員室」「裏の花壇」など，学校の中にある場所が書かれている。

② 日直は，休み時間，クジで引いた場所に行く。そして，その場所に関係する3択クイズを考える。

③ 帰りの会で，日直はクイズを出題する。他の子は，その問題に答える。

④ びっしりとメモを取ってくる子や，現地インタビューまでしてくる強者も現れる。それをほめると，他の子も真似するようになる。

⑤ また，他の子も，クイズに正解したくて，その場所を訪れるようになる。 (鈴木優)

② ロングロングワード

> どれだけ長く声を出し続けられるかというシンプルな
> ゲームです。大好きな言葉を長〜く言って，1日を終わ
> りましょう。

① その日の日直が挑戦。
日直の子は，好きな言葉
を1つ選ぶ。

② 日直は好きな言葉をで
きるだけ長く言う。「バ
ルーーーーーーンフェ
スタ！」「読書感想ブーーーーーーン」など。

③ 他の子どもたちは，日直がどんな言葉を言うか楽しみに
する。選んだ言葉のセンスに笑いが起きることも多い。

④ 教師は，長さをストップウォッチで計る。そして，「28
秒67」などと記録を発表すると，歓声が上がる。

⑤ 最高記録は黒板に書いておくとよい。日直は新記録を目
指してがんばる。 （梅﨑）

3 さようならスタンドアップ

誰ともかぶらずに，全員が「さようなら」を言えた班だけ帰ることができます。成功したら，笑顔。失敗しても，笑顔。1日の終わりに，教室中に笑顔があふれます。

すすめ方

① 4～5名の班になって，中を向き合って座る。

② 子どもたちは自分のタイミングで「さようなら」と言いながら，立つ。

③ タイミングが班の誰ともかぶらなければ，セーフ。立っておく。かぶってしまったら，アウト。全員，座る。

④ 班の全員が誰ともかぶらず，立つことができたら，大成功！ 大成功するまで何度も挑戦する。

⑤ 大成功したら，班のメンバー全員でハイタッチする。そして，元気よく「さようなら！」と言って帰る。 （藤原）

私たち、またバラバラだったね

また一番だね

気が合わないトコが

気が合うね！

4 つなげてさようなら

> 授業中に発表されるキーワードをつなげましょう。正しくつなげた人は，さようならできます。

∴∴∴∴∴∴∴∴∴∴∴∴∴∴ すすめ方 ∴∴∴∴∴∴∴∴∴∴∴∴∴∴∴

① 教師は，6 文字くらいの言葉を決める。そして，その文字の順番を入れ替える。例えば「しんかんせん」。順番を入れ替えて「ん→ん→ん→せ→し→か」の順に出す。

② 1 時間目の授業から，1 文字ずつキーワードを発表する。いつ発表されるかわからないので，子どもたちは授業に集中する。

③ 帰りの会の最後にラストキーワードを発表する。

④ 子どもたちは，1 時間目から帰りの会の最後までに発表された文字を並べ替える。正しくつなげた人は，教師に伝えに来る。

⑤ 正解したら，教師とハイタッチして笑顔で「さようなら」をする。 (蔦)

第8章●帰りにも もっと笑う！

5 にらめっこでさようなら

> にらめっこで思いきり笑って，さようならしましょう。子どもたちの一生懸命な顔やポーズに，教師も思わず笑ってしまいます。

すすめ方

① 帰りのあいさつをした後，みんなで「だるまさん だるまさん にらめっこしましょ♪ 笑うと負けよ あっぷっぷ♪」と歌う。そして，隣の席の人と「にらめっこ」をする。

② 笑わせた方が勝ち。しかし，勝敗にこだわらない。

③ 顔だけでなく，全身を使って，相手を笑わせてもOK。変なポーズも面白い。

④ 最後は，隣の席の人と「また明日！」と笑顔でハイタッチをして帰る。

(小倉)

90

6 帰れま10

> 　○○のトップ10を当てるまでは，帰れまテン！　トップ10を当てた子どもたちは，大喜びで帰って行きます。

すすめ方

① 　「さようなら」の前，教師は「今日は，○○のトップ10を当てるまで帰れまテン！」と言う。例えば，「面積が広い都道府県のトップ10」「コメの生産量が多い都道府県のトップ10」など。

② 　子どもたちは，1人ずつ順番に，トップ10に入っていると思う都道府県名を答えていく。

③ 　子どもたちの答えに対して，「○○県は，第……○位！」とランキングを発表する。1位から10位までなら正解。11位以下だったら不正解。

④ 　子どもたちが答えた都道府県は，教師がランキング順に黒板に書いていく。11位以下も書いておく。

⑤ 　トップ10を全部当てたら，「さようなら」。子どもたちは，いつも以上に大きな声であいさつし，笑顔で帰って行く。　　　　　　　　　　　　　　　　　　　　　　　（川上）

7 ピシッと「気をつけ」，最後に笑顔

規律のある教室をつくることは，学級経営上，大切です。ピシッと「気をつけ」させて，1日の終わりにけじめをつけましょう。しかし，最後には，笑顔で終わるのがいいですね

すすめ方

① 教師は「ピシッとした『気をつけ』をします。かかとをつける。指は伸ばして，体の横。胸は張る。視線は真っ直ぐ前に」と言う。多くの子が正しい「気をつけ」をする。

② 教師はさらに「かかと！ 指先！ 胸！ 視線！」と厳しく言い，全員に正しい「気をつけ」をさせる。

③ 全員が正しい「気をつけ」をして緊張感のある雰囲気ができる。そこで教師は，「最後に笑顔～！」と言って，笑顔になる。

④ 子どもたちは，緊張感と笑顔のギャップに笑ってしまう。

⑤ 「怒った顔，からの～，笑顔」「笑顔，からの～，さらに笑顔～」などのバリエーションも楽しい。　　　　（門脇）

8 黒板アートコレクション

　子どもたちは黒板に絵を描いて帰ります。教師は次の日，誰が描いた絵か当てます。制限時間の10分間は，おしゃべり禁止。教師は，黙々と事務仕事ができます。

・・・・・・・・・・・・・・・・・・・・ すすめ方 ・・・・・・・・・・・・・・・・・・・・

① 　帰りの会で，教師は「パンダ」などお題を発表する。

② 　「さようなら」の後，子どもたちはお題の絵を黒板に描く。制限時間は，10分間。おしゃべりは禁止。絵が完成した子から，帰ってOK。

③ 　教師は，10分間，黒板を見ない。誰からも話しかけられることもないので，事務仕事に専念できる。

④ 　次の日の朝の会で，誰が描いた絵だと思うか，教師の予想を発表していく。

⑤ 　答え合わせをしながら，教師は一言コメントをしたり，ツッコミを入れたりする。すると，子どもたちの笑顔が見られる。（鈴木直）

○○くん、これ、パンダ？

画伯と呼んでね〜

9 敬礼で「さようなら」

> 　子どもたちは意外に敬礼が好き。明日会えることを楽しみに，ビシッと敬礼をして「さようなら」を言いましょう。

・・・・・・・・・・・・・・・・・・・・　すすめ方　・・・・・・・・・・・・・・・・・・・

① 　教師は「指は揃える，親指は見せない，肘は肩の高さまで上げる」と敬礼の仕方を教える。表情は，真面目に真剣に。その方が面白い。

② 　子どもたちは全員立って，「気をつけ」をする。そして，教師が「また明日，笑顔で会おう！　敬礼！」と号令をかける。子どもたちは真剣な表情で敬礼をする。

③ 　教師は笑顔になって，敬礼した手を振る。その手でハイタッチしながら子どもたちを見送るのも楽しい。

④ 　どんな場面でも教師がビシッと敬礼をすると，ビシッとした敬礼で返すようになる。それがさらに楽しい。（門脇）

10 ○○検定

子どもたちは暗記が大好き！　がんばって暗記して検定に臨みます。合格すれば，大喜びで笑顔です。

・・・・・・・・・・・・・・・・・・・・ **すすめ方** ・・・・・・・・・・・・・・・・・・・・

① 　学習内容や行事に合わせて，検定を１つ決める。古典検定，山地検定，平野検定，九九検定，都道府県検定，戦国武将検定，運動会検定など。

② 　さようならの後，検定を受けたい子は残る。そして，検定を受ける。検定の問題は，10問。あまり時間をかけずにできる量にする。

③ 　10問全問正解した子は，検定合格。合格証がもらえる。

④ 　合格しなかった子は，次の日に再チャレンジできる。ただし，問題は毎日変わる。

⑤ 　やっていることは，テストと一緒。しかし，検定の名前につられて，子どもたちは意欲的に取り組む。　　（吉田）

11 連絡帳の写真で参観

保護者は，参観日にしか，子どものがんばりを見ることができません。普段の授業も連絡帳を通して保護者に参観してもらいましょう。

・・・・・・・・・・・・・・・ すすめ方 ・・・・・・・・・・・・・・・

① 教師は，授業場面を写真に撮る。発表をしているところや一生懸命観察をしているところなど，子どもたちのがんばりが分かる写真がオススメ。

② 撮った写真は，定期券サイズ（9枚印刷）にカラー印刷して切る。

③ 写っている子に写真をあげる。子どもたちは写真を連絡帳に貼る。

④ 家に帰った子どもたちは，保護者に写真を見せる。保護者からは，学校の様子がよく分かり，会話も増えたと大好評。

⑤ 授業場面だけでなく，全校の行事，掃除など，子どものがんばっている様子はどんどん写真で伝える。（佐々木）

ゆかいな仲間たち （所属は執筆時）

梅 﨑 雄 輝 （佐賀・鳥栖市立基里小学校）

浦 上 直 輝 （広島・福山市公立小学校）

小 倉 美佐枝 （佐賀・唐津市立長松小学校）

小 野 領 一 （奈良・奈良市公立小学校）

門 脇 智 哉 （鳥取・米子市立福米東小学校）

梶 川 高 彦 （愛知・東浦町立生路小学校）

川 上 大 輝 （長崎・教師になりたくてたまらない教師志望生）

佐 々 木 晃 （香川・さぬき市立さぬき北小学校）

鈴 木 直 子 （公立小学校）

鈴 木 優 太 （宮城・仙台市公立小学校）

高 石 友 美 （佐賀・小城市立砥川小学校 ）

蔦 　 洋 平 （広島・呉市立広小学校）

中 野 浩 史 （高知・高知市立はりまや橋小学校）

成 田 翔 哉 （愛知・大府市立共和西小学校）

野 口 知 孝 （佐賀・基山町立基山中学校）

藤 原 裕 一 （島根・吉賀町立柿木小学校）

山 根 大 文 （広島・福山市立神村小学校 ）

吉 田 賢 二 （愛知・半田市立宮池小学校）

著者紹介

中村健一

　1970 年山口県生まれ。現在，山口県岩国市立川下小学校勤務。お笑い教師同盟などに所属。

　著書に『子どもも先生も思いっきり笑える 73 のネタ大放出！』『教室に笑顔があふれる中村健一の安心感のある学級づくり』『つまらない普通の授業に子どもを無理矢理乗せてしまう方法』『クラスを「つなげる」ミニゲーム集 BEST55 ＋α』『つまらない普通の授業をおもしろくする！　小ワザ＆ミニゲーム集 BEST57 ＋α』（以上，黎明書房）『中村健一　エピソードで語る教師力の極意』『策略　ブラック学級づくり―子どもの心を奪う！　クラス担任術―』（以上，明治図書）がある。編著に『担任必携！　学級づくり作戦ノート』『学級担任に絶対必要な「フォロー」の技術』『子どもが大喜びで先生もうれしい！　学校のはじめとおわりのネタ 108』『子どもの表現力を磨くおもしろ国語道場』『厳選 102 アイテム！　クラスを「つなげる」ネタ大辞典』『めっちゃ楽しく学べる算数のネタ 73』『健一中村の絶対すべらない授業のネタ 78』『デキる！　教師の 1 日』『ホメる！　教師の 1 日』（以上，黎明書房），共著に『42 の出題パターンで楽しむ痛快社会科クイズ 608』『42 の出題パターンで楽しむ痛快理科クイズ 660』『クイズの出し方大辞典付き笑って楽しむ体育クイズ 417』『教室で家庭でめっちゃ楽しく学べる国語のネタ 63』『笑う！　教師の 1 日』（以上，黎明書房）『子どもが納得する個別対応・フォローの技術』（学事出版）がある。他も著書多数。

　出演 DVD に「見て，すぐわかる授業導入のアイディア集―お笑い系導入パターン―」（ジャパンライム）「明日の教室 DVD シリーズ 36　学級づくりは 4 月が全て！　―最初の 1 ヵ月死ぬ気でがんばれば，後の 11 ヵ月は楽できる―」（有限会社カヤ）がある。

＊イラスト・山口まく

もっと笑う！　教師の2日目

2017 年 12 月 25 日　初版発行　　著　者　　中村健一と
　　　　　　　　　　　　　　　　　　　　　　ゆかいな仲間たち
　　　　　　　　　　　　　　　発行者　　武馬　久仁裕
　　　　　　　　　　　　　　　印　刷　　株式会社　太洋社
　　　　　　　　　　　　　　　製　本　　株式会社　太洋社

発　行　所　　　　　　　　株式会社　黎明書房

〒460-0002　名古屋市中区丸の内 3-6-27　EBS ビル　☎ 052-962-3045
　　　　　　FAX 052-951-9065　　振替・00880-1-59001
〒101-0047　東京連絡所・千代田区内神田 1-4-9　松苗ビル 4 階
　　　　　　☎ 03-3268-3470